Développez habilement vos relations humaines

Cet ouvrage a été publié en langue anglaise sous le titre:
SKILL WITH PEOPLE

Original English Language Edition published by:
Leslie T. Giblin
Copyright © 1968, 1972 by Leslie T. Giblin
All rights reserved

©, Les éditions Un monde différent ltée, 1979
Pour l'édition en langue française

Neuvième édition, 1989

Dépôts légaux : 2ᵉ trimestre 1979
Bibliothèque nationale du Québec
Bibliothèque nationale du Canada

Conception graphique de la jaquette :
PHILIPPE BOUVRY

Caricatures:
CLAUDETTE POUPART

Version française:
FRANÇOISE BLANCHARD

ISBN-2-9200-0014-4

Développez habilement vos relations humaines

Les éditions Un monde différent ltée
3400, boulevard Losch, local 8
Saint-Hubert, QC
Canada J3Y 5T6
(514) 656-2660

CONTENU

Comment nous apprenons (et achetons) 9

Comment nous retenons nos connaissances 10

Comment nous retenons ce qui
nous est enseigné 11

I. Comprendre les gens et la nature humaine 15

II. Comment parler habilement avec les gens 23

III. Comment faire ressentir habilement
l'importance des gens 31

IV. Comment s'entendre habilement
avec les gens 39

V. Comment écouter les gens habilement 47

VI. Comment influencer les gens habilement 53

VII. Comment convaincre les gens habilement 61

VIII. Comment amener habilement
les gens à se décider 69

IX. Comment amener habilement
les gens à la bonne humeur 79

X. Comment louanger les gens habilement 87

XI. Comment critiquer les gens habilement 95

XII. Comment remercier les gens habilement 103

XIII. Comment faire bonne
impression habilement 111

XIV. Comment converser habilement 121

XV. Quelques idées additionnelles 125

COMMENT NOUS APPRENONS
(ET ACHETONS)

83%	Par la vue
11%	Par l'ouïe
3½%	Par l'odorat
1½%	Par le toucher
1%	Par le goût

COMMENT NOUS RETENONS
NOS CONNAISSANCES

10%   De ce que nous lisons

20%   De ce que nous entendons

30%   De ce que nous voyons

50%   De ce que nous voyons et entendons

70%   De ce que nous disons en parlant

90%   De ce que nous disons en faisant quelque
        chose

COMMENT NOUS RETENONS
CE QUI NOUS EST ENSEIGNÉ

Méthodes d'enseignement :	Retenu trois heures après	Retenu trois jours après
A paroles seulement	70%	10%
B images seulement	72%	20%
C paroles et images simultanément	85%	65%

Comprendre les gens

et

la nature humaine

— Réflexion —

Comprendre les gens et la nature humaine implique tout simplement d'accepter les gens tels qu'ils sont — non pas pour ce que vous pensez qu'ils sont, ni pour ce que vous aimeriez qu'ils soient.

CHAPITRE I

Comprendre les gens et la nature humaine

Le premier pas nécessaire pour augmenter votre habileté à traiter d'affaires avec les gens et réussir vos relations humaines est de les comprendre correctement, ainsi que leur nature.

Lorsque vous posséderez une bonne compréhension de la nature humaine et du monde en général, lorsque vous comprendrez pourquoi les gens font les choses qu'ils font, lorsque vous comprendrez pourquoi et comment les gens réagissent dans certaines situations, alors et alors seulement vous deviendrez habile à diriger les gens.

Comprendre les gens et la nature humaine implique tout simplement d'accepter les gens tels qu'ils sont — non pas pour ce que vous pensez qu'ils sont, ni pour ce que vous aimeriez qu'ils soient.

QUE SONT-ILS ?

Les gens sont premièrement intéressés à eux-mêmes, et non à vous !

En d'autres mots — l'autre personne est dix mille fois plus intéressée à elle-même qu'elle l'est envers vous.

Et vice versa! Vous êtes plus intéressé à vous-même que vous ne l'êtes envers n'importe quelle autre personne sur terre.

Il faut se rappeler que les actions d'une personne sont guidées par ses pensées, ses intérêts personnels. Ce sentiment est si fort en soi que la pensée dominante en faisant la charité est la satisfaction et le plaisir que le donneur ressent en donnant et non le bien que le cadeau fera. Ceci vient en second lieu.

Il ne faut pas s'excuser ou être embarrassé en reconnaissant que par sa nature, l'homme est intéressé premièrement à lui-même. Il en est ainsi depuis le commencement des temps et cela demeurera ainsi jusqu'à la fin du monde parce que l'homme est ainsi fait. Nous sommes tous semblables de ce côté-là.

Cette connaissance, que tous les gens sont tout premièrement intéressés à eux-mêmes, vous donne une base sur laquelle vous pouvez vous appuyer pour réussir vos relations avec les gens.

Cela vous donne également du pouvoir et de l'habileté dans vos relations avec d'autres. Dans les chapitres qui suivent, vous verrez combien de techniques fructueuses proviennent de cette connaissance.

C'est donc une clef pour vous de reconnaître que les gens s'intéressent à eux-mêmes et non pas à vous.

— Réflexion —

Les gens s'intéressent à eux et non à vous.

Comment parler

habilement

avec les gens

— Réflexion —

Quel est pour les gens le sujet de conver-
sation le plus intéressant qui soit ?

Eux-mêmes !

CHAPITRE II

Comment parler habilement avec les gens

Lorsque vous parlez avec des gens, choisissez le sujet de conversation le plus intéressant qui soit.

Quel est le sujet le plus intéressant au monde pour eux?

EUX-MÊMES!

Lorsque vous leur parlerez d'eux-mêmes, ils s'intéresseront profondément et deviendront complètement fascinés. Ils auront une excellente opinion de vous parce que vous avez agi ainsi.

Lorsque vous leur parlez d'eux-mêmes, vous les flattez sur le bon côté, vous travaillez avec la nature humaine. Lorsque vous parlez de vous-même, vous les embêtez parce que c'est contre la nature humaine.

Enlevez les quatre mots suivants de votre vocabulaire :

« Je, moi, mon, mes »

Substituez ces quatre mots par un seul mot, le plus puissant parlé par la langue humaine :

« VOUS »

Ex : « Ceci est pour vous », « vous en tirerez profit si vous faites cela », « ceci plaira à votre famille », « vous bénéficierez des deux avantages », etc...

CONDENSÉ — Si vous voulez rejeter la satisfaction que vous avez à parler de vous-même et que vous obtenez en employant les mots : «je, moi, mon, mes», votre personnalité, votre influence et votre pouvoir seront grandement accrus.

Naturellement, c'est difficile à faire et ça demande une certaine pratique, mais les récompenses en vaudront la peine.

Une autre bonne manière d'intéresser les gens à eux-mêmes en conversant est de les faire parler d'eux-mêmes. Vous verrez que les gens préfèrent parler d'eux-mêmes que de n'importe quel autre sujet.

Si vous manoeuvrez la conversation afin qu'ils parlent d'eux-mêmes, ils vous aimeront davantage. Ceci se réalise en leur posant certaines questions, telles que :

« Comment va la famille, Jean ? »

« Comment s'arrange ton garçon

qui est dans l'armée, André ?»

«Où demeure ta fille qui est mariée, Joseph ?»

«Depuis combien de temps es-tu avec la compagnie, Arthur ?»

«Est-ce votre ville natale, Monsieur Gagnon ?»

«Que pensez-vous de_____, Thérèse ?»

«Est-ce une photo de votre famille, Carmen ?»

«Avez-vous fait bon voyage, Gérard ?»

«Est-ce que votre famille vous accompagnait, Yvon ?»

La plupart d'entre nous n'impressionnons pas les autres parce que nous sommes occupés à penser et à parler de nous-même. Ce dont nous devons nous rappeler n'est pas: comment nous aimons nos remarques et nos sujets de conversation, mais c'est de savoir si ceux qui nous écoutent les aiment.

Alors — lorsque vous conversez avec d'autres, parlez d'eux. Et faites-les parler d'eux-mêmes.

C'est ainsi que vous deviendrez un causeur des plus intéressants.

Comment faire ressentir

habilement

l'importance des gens

— Réflexion —

Le désir de se faire reconnaître, d'être IMPORTANT, est un sentiment tellement fort qu'il incite les gens à accomplir toutes sortes d'actions, bonnes ou mauvaises.

CHAPITRE III

Comment faire ressentir habilement l'importance des gens

Le sentiment le plus universel du monde — un sentiment que tous possèdent — un sentiment tellement fort que ça incite les gens à accomplir toutes sortes d'actions, bonnes ou mauvaises — c'est le désir d'être IMPORTANT — le désir de se faire reconnaître.

Alors pour être habile en relations humaines, assurez-vous de faire sentir aux gens qu'ils sont très importants. *Rappelez-vous que plus vous les ferez se sentir importants, plus vous aurez de succès avec eux.*

Tout le monde veut se faire traiter comme « quelqu'un » et lorsque nous les ignorons ou que nous les abaissons, c'est exactement a l'opposé de cette façon que nous les traitons.

Rappelez-vous que l'autre personne se sent aussi importante envers elle-même que vous pensez l'être envers vous-même. L'usage de ce sentiment est l'un des moyens les plus fructueux dans les relations humaines.

Voici quelques conseils pour vous aider à reconnaître les gens et leur faire sentir leur importance :

1. Ecoutez-les (Voir le chapitre V — « Comment écouter les gens habilement »)

Refuser d'écouter les gens est le moyen à peu près le plus sûr de leur affirmer leur peu d'importance et que l'on n'a aucune considération pour eux. Les écouter est justement la meilleure façon de leur faire ressentir leur importance.

2. Louangez-les et complimentez-les.

Lorsqu'ils le méritent.

3. Employez leurs noms et leurs photos le plus souvent possible.

Appelez les gens par leur prénom et servez-vous de certaines photographies et ils vous aimeront.

[33]

4. Faites une pause de quelques secondes avant de leur répondre.

Ceci leur donne l'impression que vous avez réfléchi à ce qu'ils vous ont dit et que ça valait la peine d'y penser.

5. Employez leurs mots : « Vous, Votre, Vos ».

Non pas « Je, moi, mon, mes ».

6. Recevez les gens qui vont vous voir.

S'ils doivent attendre, faites-leur savoir que vous savez qu'ils sont là, et que vous serez avec eux dans quelques instants. Ceci prouve que vous les traitez comme « quelqu'un ».

7. Portez attention à tout le monde dans le groupe.

Pas seulement au dirigeant du groupe ou à l'invité. Un groupe est formé de plus d'une personne.

— Réflexion —

Dans vos relations avec d'autres person-
nes, employez les mots : **VOUS, VO-**
TRE, VOS.

Comment s'entendre

habilement

avec les gens

— Réflexion —

Se montrer toujours agréable est une technique facile qui se cultive.

CHAPITRE IV

Comment s'entendre habilement avec les gens

Le point important à se souvenir pour réussir ses relations humaines, est de maîtriser l'art d'être agréable envers tous.

Vraiment, ceci est un joyau très précieux dans le monde actuel. Probablement que rien d'autre ne vous aidera autant dans toute votre vie que cette technique facile et qui se cultive : vous montrer toujours agréable.

Tant que vous vivrez, n'oubliez jamais que n'importe quel idiot peut être en désaccord avec les gens, mais que ça prend une personne sage, cultivée et avisée pour être d'accord, particulièrement quand l'autre personne est dans l'erreur.

L'art d'être agréable comprend cinq parties :

1. Pratiquez-vous à être agréable, à bien vous entendre avec les autres.

Travaillez votre attitude à ce sujet. Développez une nature agréable. Soyez une personne naturellement agréable.

2. Dites-le aux gens quand vous êtes d'accord avec eux.

Ce n'est pas suffisant d'être agréable avec les gens.

Laissez-leur savoir que vous êtes d'accord avec eux.

Faites signe que « oui » de la tête, regardez-les et dites-leur « je suis tout à fait d'accord avec vous » ou « vous avez bien raison ».

3. **Ne leur dites jamais que vous n'êtes pas d'accord avec eux, à moins que ce ne soit absolument nécessaire.**

Si vous ne pouvez pas vous entendre avec les gens, ne le laissez pas voir à moins de nécessité absolue. Vous serez amusé de constater que cela se produit très peu souvent.

4. **Quand vous êtes dans l'erreur, admettez-le.**

Lorsque vous avez tort, admettez-le : « j'ai fait une erreur ». « Je n'avais pas raison », etc...

Ça prend une personne très forte pour faire cela, mais les personnes qui peuvent le faire sont d'autant plus admirées.

La personne faible va mentir, nier ou chercher un alibi.

5. Evitez d'argumenter.

La technique la plus pauvre connue en relations humaines est d'argumenter. Même si vous avez raison, n'argumentez pas.

Personne ne gagne des discussions ou des amis en argumentant.

Les raisons qui soutiennent l'Art d'Être Agréable :

a) les gens aiment ceux qui partagent leur opinion ;

b) les gens n'aiment pas ceux qui diffèrent d'opinion avec eux ;

c) les gens n'aiment pas se faire argumenter.

— Réflexion —

La technique la plus pauvre en relations humaines est d'argumenter. Personne ne gagne des discussions ou des amis en argumentant.

C.POUPART

Comment écouter

les gens

habilement

— Réflexion —

Si notre Créateur nous a doté de deux oreilles et d'une bouche, c'est sûrement pour écouter deux fois plus que de parler.

CHAPITRE V

Comment écouter
les gens habilement

Plus vous écoutez, plus vous devenez avisé. Vous serez un meilleur causeur et vous gagnerez ainsi l'estime de tous.

Un bon auditeur gagne beaucoup plus l'affection des gens qu'un grand parleur. Un bon auditeur laisse toujours les gens écouter leur « parleur » favori : EUX-MÊMES.

Il y a différentes choses dans la vie qui vous aideront à devenir un bon auditeur.

Toutefois, on ne devient pas un bon auditeur « par accident ». Voici cinq règles qui vous aideront à le devenir:

1. Regardez la personne qui parle.

Qui vaut la peine d'être écouté, mérite qu'on le regarde.

2. Penchez-vous vers la personne qui parle et écoutez attentivement.

Faites voir que vous ne voulez pas manquer un seul mot.

3. Posez des questions.

Ceci démontre à la personne qui parle que vous l'écoutez.

Poser des questions est une excellente forme de flatterie.

4. Restez dans le même sujet que l'orateur et ne l'interrompez pas.

Ne changez pas de sujet à moins

que la personne ait fini, même si vous êtes bien anxieux de le faire.

5. Employez les mêmes mots que l'orateur — «VOUS» et «VOS».

Si vous employez «je, moi, mon, mes» vous détournez la conversation vers vous. Ceci est de parler et non d'écouter.

Vous noterez que ces cinq règles ne sont rien d'autre que de la courtoisie. La meilleure façon d'être courtois, c'est d'écouter.

C.POUPART

Comment influencer

les gens

habilement

— Réflexion —

Découvrez ce que les gens désirent, ce qu'ils aiment et seulement alors réussirez-vous à les influencer.

CHAPITRE VI

Comment influencer
les gens habilement

Le premier grand pas pour amener les gens à faire ce que vous voulez qu'ils fassent, c'est premièrement de savoir *ce* qui va les pousser à le faire (ce qu'ils veulent).

Quand vous saurez ce qui les émeut, vous saurez alors *comment* les faire agir.

Nous sommes tous différents — nous aimons différentes choses — nous plaçons des valeurs différentes sur différentes choses. Ne faites pas l'erreur d'assumer que les gens aiment ce que vous aimez ou désirent la même chose que vous.

Découvrez ce qu'*ils désirent,* ce qu'*ils aiment.*

Alors vous pourrez les émouvoir en leur disant CE QU'ILS VEULENT ENTENDRE. *Vous leur montrez tout simplement comment ils peuvent atteindre leur but* **en faisant ce que vous voulez qu'ils fassent.**

C'est ça le grand secret pour influencer les gens. Ça veut dire de frapper la cible avec ce que vous dites, mais naturellement, vous devez savoir où est la cible.

Pour vous montrer comment mettre ce principe en oeuvre — assumons que vous êtes un employeur et que vous voulez embaucher un ingénieur. Vous savez d'avance que plusieurs autres compagnies lui ont déjà offert une position intéressante.

En appliquant ce principe, « Chercher à savoir ce que les gens désirent », vous déterminerez premièrement ce qui intéresserait le plus l'ingénieur dans la nouvelle position et la compagnie. Si vous découvrez qu'il désire des chances d'avancement, alors vous pouvez lui faire savoir ce que vous pouvez lui offrir dans ce domaine. Si c'est de la sécurité qu'il recherche, vous parlerez sécurité. Si c'est de l'éducation et de l'expérience qu'il veut acquérir, vous lui parlerez en ce sens. Le point le plus important ici, c'est que vous trouverez ce qu'*il veut* vraiment et alors vous pouvez lui montrer comment obtenir ce qu'*il cherche* en faisant ce que vous voulez qu'*il fasse.*

(Ex : travailler pour vous, à votre service).

En appliquant ce principe à l'inverse — supposons que vous faites application pour une certaine position que vous désirez beaucoup. Premièrement, vous chercheriez à savoir les connaissances requises, en quoi consistent les responsabilités de cet emploi afin de prouver que vous êtes qualifié pour occuper ce poste. Si l'employeur recherche une personne qui doive traiter avec les gens par téléphone, vous mentionneriez que vous pouvez le faire. Lorsque vous savez ce qu'il recherche, vous pouvez lui parler en ce sens.

[56]

La méthode pour connaître le désir des gens est en leur demandant, en les observant et en les *écoutant*. En plus évidemment de votre effort personnel à le trouver.

Comment convaincre

les gens

habilement

— Réflexion —

L'attitude physique d'une personne vous aidera à déterminer si elle est prête à se faire convaincre ou pas.

CHAPITRE VII

Comment convaincre
les gens habilement

Lorsque vous dites certaines choses qui sont à votre avantage, il est humain que les gens soient sceptiques à votre égard et envers ce que vous dites.

Vous pouvez éliminer beaucoup de ce scepticisme quand vous parlez de vos propres intérêts en le faisant d'une façon différente.

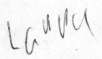

Cette meilleure manière est de ne pas faire de déclaration vous-même, mais de citer quelqu'un d'autre. Laissez une autre personne parler pour vous, même si cette autre personne n'est pas présente.

Ex : — si l'on vous demande si le produit que vous vendez a une bonne durabilité, vous pouvez répondre : « Mon voisin en a un depuis 4 ans et il est encore en bonne condition ».

En fait, votre voisin donne la réponse pour vous, même s'il n'est pas présent.

Ex : — si vous faites application pour un nouvel emploi et que votre employeur éventuel se demande si vous pouvez accomplir la tâche, vous lui diriez à quel point vos anciens patrons étaient satisfaits, etc...

Ex : — si vous vouliez louer votre appartement et que les gens intéressés vous demandaient si c'était tranquille, vous leur diriez que les anciens locataires disaient que c'était en effet très calme.

Maintenant — dans tous ces exemples, vous ne répondez pas directement à la question. Votre voisin, votre ancien employeur, et vos anciens locataires répondent pour vous.

Les gens à qui vous parlez seront plus impressionnés que si vous répondiez vous-même.

C'est bizarre, mais personne n'aura le moindre doute que ce que vous leur dites indirectement est vrai. Cependant ils seront vraiment douteux si vous leur répondez directement.

Alors — parlez par l'intermédiaire d'une tierce personne.

Citez des gens — racontez des histoires de succès — donnez des faits et des statistiques.

Le point suivant est également très important :

Pour réussir à convaincre quelqu'un d'un certain point de vue, il est obligatoire que cette personne ait « l'esprit ouvert ». L'esprit est comme un parachute ; pour fonctionner, il faut qu'il soit ouvert.

L'attitude physique d'une personne vous aidera à déterminer si elle est prête à se faire convaincre ou pas. Si, par exemple, une personne est assise les bras et les jambes croisés, elle vous prouve qu'elle est renfermée en elle-même, que son esprit vous est fermé. A vous de trouver la clef pour vous ouvrir cette porte.

Dès que vous voyez les bras et les jambes se décroiser, c'est votre indication qu'elle est prête à vous écouter.

Comment amener

habilement

les gens à se décider

— Réflexion —

Presque tous les gens débutent au «neutre» et peuvent être guidés.

CHAPITRE VIII

Comment amener habilement les gens à se décider

Pour amener les gens à dire « oui », ça demande plus que de la chance, du sentiment ou tout simplement du caprice.

L'habileté dans les relations humaines a plusieurs techniques et méthodes qui augmentent considérablement les chances que les gens disent « oui » (leur faire dire « oui » veut simplement dire leur faire accomplir ce que vous voulez).

Voici quatre bonnes méthodes :
1. Donnez des raisons aux gens de vous dire « oui ».

Tout ce qui se fait dans le monde est fait pour une raison quelconque. Alors lorsque vous voulez que quelqu'un fasse quelque chose, donnez-lui une bonne raison pour laquelle il devrait le faire.

Toutefois, assurez-vous que les raisons que vous donnez aux gens sont *leurs* raisons, des raisons qui sont à *leur* avantage et bénéfice.

La mauvaise manière serait de donner des raisons qui seraient à votre avantage et bénéfice.

En somme, dites-leur comment ils vont en bénéficier s'ils font ce que vous leur dites de faire. Non pas de ce que vous pourriez en retirer.

[70]

2. Posez des questions « oui ».

Lorsque vous voulez un « oui » pour réponse, premièrement amenez les gens à avoir un état d'esprit positif. Vous réussirez ce truc en leur posant deux ou trois questions auxquelles ils répondront « oui ».

Ex : — Vous voulez que votre famille soit heureuse, n'est-ce pas ? (bien sûr qu'il le veut).

Vous voulez la meilleure valeur pour votre argent, n'est-ce pas ? (bien sûr qu'il le veut).

Une question « oui » est une question à laquelle on ne peut répondre que par « oui ».

L'idée des questions « oui » est que si vous les amenez dans cet état d'esprit affirmatif, il est plus probable qu'ils vous répondront « oui ».

[71]

Assurez-vous cependant de demander ces questions « oui » correctement. Faites signe que « oui » de la tête en même temps que vous posez une question et commencez-la par le mot « vous ».

« Vous voulez un bon grille-pain, n'est-ce pas ? » (faisant signe que oui de la tête).

« Vous voulez une belle robe, n'est-ce pas ? » (en faisant signe que oui de la tête).

3. Donnez aux gens un choix entre deux « oui ».

Ceci veut simplement dire d'amener les gens à choisir de vous dire « oui » d'une façon ou d'une autre. Quelle que soit la façon qu'ils choisissent, ils vous diront « oui ».

C'est beaucoup mieux que de leur donner un choix entre un « oui » et un « non ».

OUI veut dire qu'ils le feront — NON veut dire qu'ils ne le feront pas.

L'habileté est de leur faire choisir entre ce que vous voulez qu'ils accomplissent d'une manière ou d'une autre.

Ex: — Si vous désirez un rendez-vous avec monsieur Smith :

« Est-ce que cet après-midi vous convient, Monsieur Smith, ou préférez-vous demain matin ou demain après-midi ? » (Vous donnez à monsieur Smith un choix de temps, un choix de « oui »).

L'autre manière moins certaine serait de demander un rendez-vous de cette façon, vous lui donnez un choix entre oui (vous pouvez avoir un rendez-vous) et non (vous ne pouvez pas avoir de rendez-vous).

Ex : — Voulez-vous le noir ou le blanc ? » (au lieu de « voulez-vous un de ceux-là ? »).

« Voulez-vous commencer à travailler demain ou mardi » (au lieu de « voulez-vous commencer à travailler ? »).

« Voulez-vous le porter sur votre carte de crédit ou payer comptant ? » (au lieu de voulez-vous cela ?).

Cette méthode ne fonctionnera peut-être pas toujours à chaque fois, mais ça réussira très souvent et ça réussira bien mieux que si vous laissez aux gens le choix entre dire oui ou non.

4. **Attendez-vous à ce qu'ils vous disent « oui » et *faites-leur savoir que vous vous attendez à un « oui ».***

Lorsque vous vous attendez à ce que les gens vous disent oui, ceci démontre la confiance que vous avez en vous-même. Cependant, ça va plus loin que la confiance en soi — un pas de plus. Vous leur laissez savoir, vous leur donnez définitivement l'impression qu'ils doivent dire «oui».

Presque tous les gens débutent au «neutre» et peuvent être guidés. Plusieurs ne doutent jamais ni n'hésitent à faire ce que vous voulez une fois que vous leur laissez entendre ce à quoi vous vous attendez.

Ceci est une excellente psychologie et ce sera facile pour vous de pratiquer après que vous aurez réussi quelques fois.

Comment amener les gens

habilement

à la bonne humeur

— Réflexion —

Votre sourire devrait être offert à quiconque avant même de rompre le silence afin de débuter l'entretien dans une atmosphère amicale.

CHAPITRE IX

Comment amener
les gens habilement
à la bonne humeur

Vous pouvez vous faire aimer de 9 personnes sur 10 presque immédiatement.

Vous pouvez amener 9 personnes sur 10 à être courtoises, coopératives et sympathiques en une seconde ! (Avec la même magie).

Voici comment :

1. En vous souvenant que les premières secondes d'un contact en déterminent habituellement le ton et l'esprit.

2. Et ensuite en utilisant la deuxième Loi Fondamentale du Comportement Humain — les gens tendent fortement à *réagir avec bonté envers la conduite des autres*. (En abrégé, ça veut dire : Les gens répondent avec bonté).

Donc, à la première seconde — cet instant où le contact des yeux se fait — avant même que vous ayez dit quoi que ce soit — avant que vous brisiez la glace — offrez aux gens un sourire sincère.

Qu'est-ce qui arrivera ? Ils répondront avec bonté — ils vous souriront à leur tour et seront aimables.

Dans toute relation humaine entre deux personnes, il y a une atmosphère, une humeur.

Il dépend de votre habileté de créer l'atmosphère, l'humeur. Vous ou l'autre personne va donner le ton. Si vous êtes avisé, vous donnerez le ton à votre avantage.

Un des faits tragiques dans les relations humaines, c'est que les gens ne réalisent pas qu'ils récolteront ce qu'ils auront semé.

Si vous donnez du soleil aux gens, on vous en donnera en retour. Mais donnez-leur de la misère et il vous en donneront en retour.

La clef réside dans le bon moment — le sourire devrait arriver avant même de rompre le silence. Ceci débute l'entretien dans une atmosphère chaude et amicale.

Votre ton de voix et l'expression de votre figure sont très importants également parce qu'ils révèlent vos pensées intérieures.

N'oubliez pas de commencer votre sourire de la même façon que les gens de théâtre et les mannequins, en vous disant un simple mot ;

« CHEESE »

Ça marche !

— Réflexion —

Dans les relations humaines, nous récol-
tons ce que nous avons semé. Si nous
donnons du soleil aux gens, ils nous en
donneront en retour.

Comment louanger

les gens

habilement

— Réflexion —

Prenez l'habitude de dire un bon mot **tous les jours** *à au moins trois person-nes différentes.*

CHAPITRE X

Comment louanger
les gens habilement

L'homme ne vit pas seulement de pain! L'homme a besoin de nourriture pour l'esprit autant que pour le corps. Souvenez-vous de la sensation ressentie en entendant un mot aimable ou un compliment prononcé à votre égard. Souvenez-vous comment votre journée ou votre soirée a été beaucoup plus agréable par ce bon mot ou compliment. Souvenez-vous combien de temps cette bonne sensation a duré.

Les autres réagissent de la même façon que vous. Donc, dites le genre de choses que les gens aiment entendre. Ils vous aimeront parce que vous dites de bonnes choses et vous vous sentirez bien de les avoir dites.

Soyez généreux avec vos louanges. Recherchez quelqu'un ou quelque chose à louanger et ensuite faites-le.

Mais :

a) La louange doit être *sincère*.

Si ce n'est pas sincère, ne la faites pas.

b) Louangez le FAIT, non la personne.

Louanger un FAIT élimine la confusion et l'embarras. Il a un effet beaucoup plus sincère et cela évite du favoritisme et crée un encouragement à réagir de la même façon.

Ex : — «Jean, ton travail cette année a réellement été excellent». (au lieu de «Jean, tu es un bon homme»).

«Marie, tes rapports de fin d'année sont très bien faits» (au lieu de «Marie, tu es une bonne employée»).

«M. Lavoie, votre gazon et votre jardin sont absolument admirables» (au lieu de «M. Lavoie, vous travaillez beaucoup»).

Spécifiez bien l'acte que vous voulez louanger.

Formule de bonheur : Prenez l'habitude de dire un bon mot *tous les jours,* à au moins trois personnes différentes. Après, vous verrez ce que vous ressentirez pour avoir fait ce geste.

[89]

Ceci est une *formule de bonheur* pour vous.

Lorsque vous verrez le bonheur, la gratitude et le plaisir que vous apportez aux autres en faisant cela, vous vous sentirez bien. Il y a plus de joie à donner qu'à recevoir.

Essayez-le !

— Réflexion —

Il y a plus de joie à donner qu'à recevoir.

Comment critiquer

les gens

habilement

— Réflexion —

La critique la plus justifiée est justifiée juste une fois.

CHAPITRE XI

Comment critiquer les gens habilement

La clef de critiques fructueuses dépend de l'esprit de ces critiques.

Si vous critiquez pour le plaisir de «descendre quelqu'un» ou de «lui dire votre façon de penser» vous n'y gagnerez rien, sauf votre satisfaction à décharger votre mauvaise humeur et le ressentiment de l'autre personne, car personne n'aime être critiqué.

Cependant si vous êtes intéressé à corriger certaines choses, ou à arriver à des résultats, vous pouvez accomplir beaucoup par vos critiques si vous vous y prenez bien. Voici quelques conseils qui vous aideront à le faire correctement.

Sept règles à suivre pour réussir vos critiques :

1. Les critiques doivent se faire en privé.

Pas de portes ouvertes, sans élever la voix, sans que personne n'écoute.

2. Commencez votre critique par un bon mot ou même un compliment.

Créez une atmosphère amicale, adoucissez le coup.

3. Rendez la critique impersonnelle.

Critiquez l'acte et non la personne.

C'est l'acte qui devrait être critiqué plutôt que la personne.

4. Fournissez la réponse.

La réponse veut dire la bonne façon. Lorsque vous dites à quelqu'un ce qu'il fait d'incorrect, vous devriez en même temps lui dire comment bien le faire.

5. Demandez de la coopération — ne l'exigez pas.

C'est un fait que vous aurez plus de coopération des gens si vous la demandez plutôt que de l'exiger.

Exiger vient en dernier lieu.

6. Une critique à une offense.

La critique la plus justifiée est justifiée juste une fois. Ne pas critiquer la même chose constamment.

7. Achevez votre critique sur un ton amical.

Terminez en disant : « Nous sommes des amis, nous nous sommes entendus, maintenant travaillons ensemble et aidons-nous ».

Et non pas : « Tu as appris ce que je pensais, alors maintenant travaille ».

C'est la règle la plus importante de toutes les sept.

— Réflexion —

La règle la plus importante est de toujours critiquer sur un ton amical.

Comment remercier

les gens

habilement

— Réflexion —

Dites toujours « MERCI » comme une personne heureuse de le dire.

CHAPITRE XII

Comment remercier les gens habilement

Ce n'est pas suffisant de vous sentir reconnaissant et élogieux envers les gens. Vous devriez montrer cette reconnaissance et gratitude à ceux qui le méritent.

Il est bien humain d'aimer et d'être plus porté vers les gens qui montrent de la gratitude et de l'appréciation.

Ils répondent en donnant encore davantage.

Si vous êtes reconnaissant envers les gens et que vous leur laissez savoir, presque toujours, ils vous donneront encore plus la fois suivante.

Si vous n'exprimez aucun sentiment de reconnaissance (bien que vous le soyez), les chances sont qu'il n'y ait pas de prochaine fois ou que vous finissiez avec moins.

Toutefois, c'est tout un art que de dire « MERCI ».

1. Lorsque vous dites « MERCI », pensez-le vraiment.

Soyez sincère lorsque vous remerciez les gens.

Les gens le ressentiront si vous n'êtes pas vraiment reconnaissant.

2. Dites-le clairement et distinctement.

Lorsque vous remerciez les gens, ne marmottez pas, dites-le clairement sans hésitation.

Dites « MERCI » comme une personne heureuse de le dire.

3. Regardez la personne que vous remerciez.

Ça signifie tellement plus lorsque vous regardez les gens que vous remerciez.

Celui qui vaut la peine d'être remercié, mérite également qu'on le regarde.

4. Remerciez les gens en les nommant.

Nommez toujours les gens lorsque vous les remerciez.

Il y a toute une différence entre dire : « Merci, Mlle ...   » au lieu de dire seulement « Merci ».

5. Appliquez-vous à remercier les gens.

Ceci veut dire de surveiller des opportunités de montrer votre appréciation.

En général, on remercie quand la chose est bien évidente — la personne bien éduquée remerciera pour la moindre chose.

Aussi simple que tout cela puisse paraître, très peu de techniques sont aussi importantes en relations humaines que l'habileté de remercier les gens convenablement.

Ceci vous sera un gros avantage tout au long de votre vie.

— Réflexion —

Nommez toujours les gens lorsque vous les remerciez. Il y a toute une différence lorsque vous dites tout simplement « MERCI » et « MERCI, JEAN ».

Comment faire

bonne impression

habilement

— Réflexion —

Vous n'avez jamais une seconde chance de faire une première bonne impression.

CHAPITRE XIII

Comment faire
bonne impression
habilement

Nous contrôlons considérablement l'opinion que les autres ont de nous. Notre conduite dès la première rencontre détermine généralement l'opinion que l'on se fera de nous. Sachant cela, il nous incombe de nous conduire de manière à ce que l'opinion des autres à notre égard soit favorable.

Afin d'établir une communication amicale avec les gens qui vous entourent le plus vite possible, donnez une poignée de main amicale et sincère. Non pas « une poignée de doigts » mais une poignée de main ferme. C'est le meilleur moyen d'éliminer la gêne ou la timidité et ainsi rendre la communication plus complète.

Autant du côté masculin que féminin, donnez une bonne poignée de main à tous en arrivant et en quittant tout endroit, en mentionnant le prénom de la personne à qui vous l'offrez. Vous avez tellement à gagner en agissant ainsi.

Si vous voulez une bonne réputation, l'admiration et le respect, vous devez donner l'impression aux gens que vous les méritez. Votre évaluation personnelle aidera à déterminer cette réputation.

Soyez fier de vous-même (mais non prétentieux) de ce que vous êtes, de ce que vous faites, de votre travail. Ne vous excusez pas pour votre rang dans la société. Vous êtes ce que vous êtes — alors traitez-vous avec fierté et respect.

Ex: — Il est bien important de bien répondre lorsque l'on vous demande ce que vous faites dans la vie. Admettons que vous vendez du savon, vous pourriez répondre ainsi: «Je suis tout simplement un autre vendeur de savon».

Ils ne peuvent pas être impressionnés par cette réponse, car vous avez répondu de manière à ce qu'ils ne le soient pas.

En employant la façon suivante, vous vous traitez avec fierté et respect.

[113]

« Mon ami, j'ai la chance d'être associé avec la compagnie la plus formidable en Amérique du Nord ».

Vous pouvez facilement imaginer la différence d'opinion que l'autre personne aura de vous en employant cette façon.

AUSSI,

1. Soyez sincère.

Tenez-vous loin des propos flatteurs, des promesses qui ne peuvent être tenues et de mots sans signification.

Ne dites que des choses que vous pensez.

Croyez les choses que vous dites.

2. Agissez avec enthousiasme.

C'est un avantage sans prix que d'acquérir de l'enthousiasme pour ce que l'on fait.

L'enthousiasme est contagieux. Après vous être convaincu vous-même, vous pourrez ensuite convaincre les autres, et pas avant cela.

3. Ne soyez pas trop anxieux.

En faisant affaire avec les gens, évitez de paraître anxieux.

Les gens se poseront des questions et douteront de vous, si vous semblez trop anxieux.

Dissimulez votre anxiété. Soyez un peu acteur.

4. N'essayez pas de gagner de l'estime en détruisant d'autres personnes.

Tenez-vous toujours selon vos propres mérites — n'essayez pas de vous faire valoir en dévalorisant les autres.

Votre progrès dans la vie sera déterminé par vos propres efforts et votre valeur. Vous n'irez pas loin si vous pilez sur la tête des autres.

Lorsque vous détruisez les autres pour vous faire valoir, alors vous augmentez leur valeur et non la vôtre.

5. Ne bousculez rien, ni personne.

Si vous ne pouvez rien dire d'agréable, ne parlez pas.

Il n'est pas bon de bousculer, mais d'un autre côté, ce n'est pas la seule raison pour ne jamais le faire. La meilleure raison est que les coups que vous donnez aux autres agissent comme des « boomerangs » et reviennent contre vous.

Soyez gentil, soyez calme, ne bousculez rien, ni personne.

Bousculer révèle votre caractère.

— Réflexion —

Le meilleur moyen d'éliminer la gêne ou la timidité et rendre la communication plus complète est de toujours offrir une poignée de main amicale et sincère.

Comment

converser

habilement

— Réflexion —

Lorsque vous savez de quoi vous parlez, vous pouvez le faire avec autorité, avec connaissance, avec confiance.

CHAPITRE XIV

Comment
converser habilement

Voici cinq règles qui feront de vous un causeur intéressant, si vous les observez.

Elles font la différence entre un causeur intéressant et un causeur ennuyeux.

1. Sachez ce que vous voulez.

Si vous n'êtes pas certain de ce que vous voulez dire, il vaut mieux alors ne rien dire.

Parlez avec autorité, avec connaissance, avec confiance — et ceci se fait seulement si vous savez de quoi vous voulez parler.

2. Dites-le et ensuite asseyez-vous.

Soyez bref, au point, ensuite asseyez-vous.

Souvenez-vous que personne n'a jamais été critiqué pour n'en avoir pas assez dit et si on veut en savoir plus long de vous, on vous le demandera.

Terminez gagnant.

3. Regardez votre auditoire lorsque vous parlez.

L'importance de cette règle n'est pas exagérée. Si quelqu'un mérite qu'on lui parle, il mérite aussi qu'on le regarde.

C'est la raison pour laquelle les orateurs qui lisent leur texte influencent rarement l'auditoire.

[122]

4. Parlez de ce qui intéresse l'assistance.

Ce n'est pas ce dont vous voulez parler qui est important. C'est ce que les gens veulent entendre.

C'est l'intérêt de l'auditoire qui est d'une suprême importance, et non le vôtre.

La meilleure manière d'être apprécié est de parler de ce que les gens veulent entendre.

5. N'essayez pas de faire un grand discours.

N'essayez pas d'imiter personne. Parlez tout simplement de votre sujet.

Soyez naturel, soyez vous-même. C'est pour cela que l'on veut vous entendre.

Dites seulement ce que vous avez à dire, bien naturellement.

Idées

additionnelles

— Réflexion —

Les connaissances par elles-mêmes ne valent rien. C'est l'usage qu'on en fait qui est valable.

Pratiquez !

Voici
quelques idées
additionnelles

Les connaissances que vous avez acquises en lisant ce livre sur les relations humaines ne vous serviront à rien à moins que vous ne les mettiez en pratique.

Les connaissances par elles-mêmes ne valent rien. C'est l'usage qu'on en fait qui est valable. En un mot, réussir dans la vie ne dépend pas de ce que vous pouvez faire, mais bien de ce que vous faites.

Ces connaissances sont la clef d'une vie meilleure, plus d'amis, plus de succès, et évidemment plus de bonheur. Appliquez ces principes dès MAINTENANT.

Achevé   Imprimerie
d'imprimer Gagné Ltée
au Canada Louiseville